SAMI SEIMON
a storïau eraill

ⓗ y darluniau: Jac Jones 1992 ©

ⓗ y testun: Mary Vaughan Jones ©

Ymddangosodd y storïau hyn am y tro cyntaf yng *Nghyfres y Porth* y Cyngor
Ysgolion yn y cyhoeddiadau isod:
'Yr Anrhegion Pen Blwydd': *Dyddiau Pwysig*, 1977; 'Yr Orymdaith': *Adar
ac Anifeiliaid*, 1977; 'Diwrnod Calan Gaeaf', 'Y Pump Trempyn'
('Y Crwydriaid'), 'Sgwrs Jo' a 'Sami Seimon': *Hwyl a Sbri*, 1982.

Dymuna'r cyhoeddwyr ddiolch i'r Cyngor Cwricwlwm Cenedlaethol,
Albion Wharf, 25 Skeldergate, Efrog YO1 2XL, am eu caniatâd i
ailgyhoeddi'r storïau.

Argraffiad cyntaf y cyhoeddiad hwn: 1992

Dymuna'r cyhoeddwr gydnabod cymorth a chyfarwyddyd Adrannau'r
Cyngor Llyfrau Cymraeg a noddir gan
Gyngor Celfyddydau Cymru.

Argraffwyd gan y Cambrian News, Aberystwyth.
Cyhoeddwyd gan Gymdeithas Lyfrau Ceredigion Gyf.,
Aberystwyth, Dyfed.

Cyhoeddir y gyfrol hon dan gynllun comisiynu'r
Cyngor Llyfrau Cymraeg.

ISBN: 0 948930 268

Yna fe ddechreuodd Mam osod y llenni ar bob ffenest. Roedd Robin ac Elin yn ei helpu.

Ar ôl gweithio am amser hir dyma Mam yn dweud "Fe gawn ni baned o de nawr. Mae gen i bastai gig bob un i ni yn y fasged a phethau at wneud te." Ond roedd rhywbeth pwysig ar ôl. Doedd yna ddim cwpanau.

"Dyna hen dro i mi anghofio rhoi'r cwpanau yn y fasged," meddai Mam, "ac mae arna i eisiau paned o de yn arw iawn hefyd."

"Rhaid i ni fwyta pastai gig bob un a gwneud heb ddiod," meddai Elin.

Ond roedd Robin wedi bod allan yn y cefn.

"Drychwch," meddai Robin, "dyma hen botiau jam. Fe fydd y rhain yn iawn i ni yn lle cwpanau."

A dyma Mam yn chwerthin, a golchi'r potiau jam. Pan oedd y te'n barod, dyma Mam yn ei dywallt i'r potiau jam. Roedd hi wedi rhoi digon o laeth ynddyn nhw rhag i'r te poeth eu cracio. Eisteddodd y tri ar lawr y gegin i gael eu bwyd. Roedd Robin ac Elin yn siarad am y berllan ac am yr afon fach.

Yn sydyn dyma Mam yn dweud, "Wyddoch chi be, y te yma ydi'r te gorau gefais i erioed," a dyma nhw i gyd yn chwerthin.

Ar ôl mwynhau'r te a'r bastai gig, fe fuon nhw'n brysur yn gorffen gosod y llenni ar y ffenestri.

Yn ystod y prynhawn daeth y fan ddodrefn. Bu'r dynion yn brysur yn cario'r dodrefn a'r bocsys i'r tŷ a Dad a Mam yn gosod pethau yn eu lle. Erbyn diwedd y prynhawn roedd popeth wedi ei gario o'r fan i'r tŷ. Roedd Mam wedi gwneud pryd o fwyd i bawb, a'r tro yma doedd dim rhaid i neb yfed te o bot jam.

Roedd hi'n hwyr ar Robin ac Elin yn mynd i'r gwely ac, er eu bod nhw wedi blino, doedd yr un o'r ddau yn gallu mynd i gysgu.

Cododd Elin a mynd i eistedd ar ben y grisiau. Wrth glywed Elin yn dod o'i llofft, cododd Robin hefyd a mynd i eistedd gyda hi ar ben y grisiau. A dyna lle'r oedd y ddau yn sgwrsio.

"Fedra i ddim cysgu."

"Na finne chwaith."

"Rydw i'n meddwl am yr hen dŷ."

"Am yr hen dŷ rydw inne'n meddwl hefyd."

"Rhyfedd ein bod ni'n meddwl am yr hen dŷ a ninnau'n hoffi'r tŷ newydd 'ma."

"Ie."

"Fe fydd hi'n braf cael chwarae yn y berllan ac wrth yr afon fach."

"Bydd."

"Tybed gawn ni ein hanrhegion pen blwydd fory?"

"Mae Mam a Dad yn rhy brysur i gofio am ein hanrhegion ni."

"Ond fe ddwedodd Mam y bydden ni'n cael ein hanrhegion y bore cyntaf ar ôl i ni symud i'r tŷ newydd."

Wrth glywed sŵn siarad ar ben y grisiau daeth Mam yno.

9

"Dewch i lawr i'r gegin i gael diod o laeth a bara menyn," meddai Mam. "Fe fyddwch chi'n siŵr o fynd i gysgu wedyn."

A dyna lle'r oedd Robin ac Elin yn cael diod o laeth a bara menyn yn y gegin tra oedd Mam yn dad-bacio llestri o focs mawr. Roedd Dad allan yn y berllan.

Pan aeth Robin ac Elin yn ôl i'r gwely cysgodd y ddau yn syth. Cysgodd y ddau heb gofio am yr hen dŷ nac am yr anrhegion pen blwydd na dim.

Ond pan gododd y ddau y bore wedyn roedden nhw'n meddwl, yn ddistaw bach, am yr anrhegion pen blwydd. Ond doedd yr un parsel i'w weld yn unman.

Roedd Mam yn dal i fod yn brysur. Ddwedodd hi ddim byd am yr anrhegion. Roedd Dad allan yn y berllan.

Wrth gael eu brecwast roedd Robin ac Elin yn siarad yn ddistaw.

"Chawn ni ddim anrhegion pen blwydd heddiw."

"Na chawn."

"Hwyrach fod Mam a Dad wedi anghofio."

"Maen nhw wedi anghofio am eu bod nhw mor brysur."

Yna, pan oedden nhw wedi gorffen bwyta, daeth Dad i mewn i'r tŷ.

"Dewch allan i'r berllan eich dau," meddai Dad ac fe aeth Robin ac Elin allan gyda Dad.

Yna dyma'r plant yn gweld fod Mam hefyd yn dod allan.

Ar ôl cyrraedd y berllan aeth Dad i lawr at yr afon fach ac aeth y lleill ar ei ôl. A dyna lle'r oedd Dad wedi gwneud argae ar draws yr afon i wneud llyn bach, ac ar y llyn, yn nofio'n esmwyth braf, roedd dwy hwyaden.

"Dyma'ch anrhegion pen blwydd chi," meddai Dad.

"Hwyaden bob un i chi," meddai Mam. "Ydych chi'n eu hoffi nhw?"

Ond roedd Robin ac Elin wedi synnu gormod i ddweud dim ac wedi dotio ar yr hwyaid.

Pan ddechreuodd y ddau siarad, roedden nhw'n siarad ar draws ei gilydd. Roedden nhw'n canmol yr hwyaid ac yn canmol yr argae a'r llyn. Wrth i Robin ac Elin siarad yn hapus, roedd y ddwy hwyaden yn cwacian yn braf.

Diwrnod Calan Gaeaf

Roedd diwrnod Calan Gaeaf wedi dod. Mae pethau rhyfedd yn digwydd ar ddiwrnod Calan Gaeaf. Cafodd Marged Malen ddiwrnod Calan Gaeaf rhyfedd iawn.

Hen wraig yn byw mewn byngalo y tu allan i'r pentref ydi Marged Malen. Bob bore, ar ôl brecwast, bydd hi'n mynd i'r pentref i siopa. Ar ôl dod yn ôl o'r pentref, bydd hi'n glanhau ei byngalo.

Pan ddaeth diwrnod Calan Gaeaf, aeth Marged Malen i'r pentref i siopa fel arfer ar ôl brecwast. Ond roedd ffair Calan Gaeaf yn y pentref, ac anghofiodd Marged Malen am y siopa.

Fe aeth i'r ffair. Aeth o gwmpas y stondinau gan chwerthin a siarad â hwn a'r llall. Fe aeth ar y ceffylau bach. Aeth ar yr olwyn fawr. Aeth ar y cychod siglo, gan chwerthin a gweiddi, a roedd pawb o'i chwmpas yn chwerthin a gweiddi'n hapus. Roedd Marged Malen yn mwynhau ei hun yn y ffair.

Yn y byngalo, roedd Sugnwr Llwch Carped yn methu'n lân â deall pam yr oedd Marged Malen mor hir

12

yn dod yn ôl o'r pentref. Roedd Sugnwr Llwch yn blino disgwyl am Marged Malen. Roedd mewn tymer ddrwg ac yn gwneud sŵn cas. O'r diwedd, aeth allan o'r byngalo. Aeth i'r ffordd gan chwyrnellu a chwyrnu. Roedd y Sugnwr Llwch yn meddwl mynd i'r pentref i chwilio am Marged Malen. Ond doedd o ddim yn gwybod y ffordd i'r pentref.

Yn lle mynd i'r pentref, aeth i'r wlad. Roedd yn mynd ar hyd y ffordd gan chwyrnellu a chwyrnu a sugno pob peth i'w fag. Roedd yn sugno dail crin yr hydref, ac yn sugno cerrig mân. Roedd yn eu crensian wrth eu sugno i mewn i'w fag.

Ymlaen ac ymlaen yr aeth ar hyd y ffordd, gan sugno pridd i'w fag, a sugno danadl poethion o'u gwraidd. Roedd mewn tymer ddrwg am ei fod yn methu â dod o hyd i Marged Malen.

Ar ochr y ffordd, roedd llygoeden fach y maes yn eistedd. Roedd hi'n edrych ar flaen ei chynffon.

Roedd hi'n teimlo'n hapus iawn am ei bod yn mynd i barti Calan Gaeaf y noson honno.

Daeth Sugnwr Llwch heibio gan chwyrnellu a chwyrnu, a bu bron iawn i lygoden y maes gael ei sugno i mewn i'w fag. Roedd llygoden y maes wedi dychryn cymaint nes ei bod yn crynu o flaen ei thrwyn i flaen ei chynffon. Fe fu'n rhaid iddi gymryd tabled a diod o ddŵr, a gorwedd i lawr drwy'r pnawn, er mwyn gwella i gael mynd i'r parti Calan Gaeaf y noson honno.

Ymlaen ac ymlaen yr aeth Sugnwr Llwch gan ddal i chwyrnellu a chwyrnu. Aeth heibio i neidr gantroed, a bu bron iawn i honno gael ei sugno i mewn i fag Sugnwr Llwch. Yn wir, fe gafodd un droed iddi ei sugno i mewn i'r bag. Roedd y neidr gantroed wedi dychryn yn fawr iawn. "Dyna lwc fod gen i naw deg naw o draed eraill,"

meddai'r neidr gantroed.

Yn nes ymlaen, roedd ysgyfarnog yn eistedd ar ochr y ffordd, yn teimlo'n drist iawn. Roedd draenen wedi mynd yn sownd yn ei dannedd wrth iddi wthio drwy'r drain. "Fedra i ddim cnoi dim byd nawr am fod y ddraenen yma'n sownd yn fy nannedd," meddai'r ysgyfarnog yn ddigalon. Daeth Sugnwr Llwch heibio gan chwyrnellu a chwyrnu, ac fe sugnodd y ddraenen o geg yr ysgyfarnog.

Roedd yr ysgyfarnog yn crynu mewn braw ac yn meddwl bod ei dannedd blaen a'i wisgars wedi eu sugno i mewn i'r bag hefyd. Ond doedden nhw ddim. Wedi i'r ysgyfarnog ddeall hynny, stopiodd grynu a dechrau

15

teimlo'n hapus. "Fe fedraf gnoi eto nawr," meddai'r ysgyfarnog, a neidiodd o gwmpas yn hapus am ei bod hi'n mynd i fwyta afalau taffi gyda'i ffrindiau y noson honno, wrth ei bod yn noson Calan Gaeaf.

Aeth Sugnwr Llwch ymlaen ac ymlaen. Aeth drwy'r coed. Roedd dail crin yr hydref yn dew ar lawr, a mes a chnau a choncyrs yn y dail. Roedd Sugnwr Llwch yn crensian y dail crin, a'r mes a'r cnau a'r concyrs, oedd wedi eu sugno i mewn i'w fag.

Aeth Sugnwr Llwch allan o'r coed, heibio'r fferm, ac i mewn i'r cae rwdins, a dechrau sugno rwdins i mewn i'w fag. Roedd yn dal mewn tymer ddrwg, ac roedd yn crensian y rwdins wrth eu sugno i mewn i'w fag.

Ond cyn iddo gyrraedd pen draw'r cae, roedd ei fag yn llawn. Roedd yn rhaid iddo stopio. Roedd yn methu â chwyrnellu na chwyrnu erbyn hyn am fod ei fag yn llawn. Roedd mewn tymer ddrwg iawn, yn methu â symud o'r cae rwdins.

Pan ddaeth hi'n amser te, aeth Marged Malen yn ôl i'r byngalo. Roedd hi wedi cael diwrnod hapus iawn yn y ffair. Pan aeth hi i'r gegin, fe welodd fod Sugnwr Llwch wedi mynd i rywle.

Aeth Marged Malen allan i chwilio amdano. Aeth o gwmpas y stondinau yn y ffair a holi hwn a'r llall am Sugnwr Llwch. Ond doedd neb wedi ei weld o gwmpas y stondinau. Aeth at y lle yr oedd y ceffylau bach, a'r olwyn fawr a'r cychod siglo, a holi hwn a'r llall am Sugnwr Llwch. Ond doedd neb wedi ei weld yn y ffair.

Aeth Marged Malen ar hyd ffordd y wlad gan holi hwn a'r llall am Sugnwr Llwch. Roedd y ffermwr wedi ei weld yn y cae rwdins. Roedd y ffermwr yn garedig ac aeth â Marged Malen yn ei fan at y cae rwdins. Roedd hi wedi mynd yn dywyll erbyn hyn.

Pan oedd y ffermwr a Marged Malen yn mynd at y cae, roedd gwas bach y fferm yn rhedeg allan o'r cae gan weiddi a dweud bod ysbryd yn y cae rwdins. "Nid ysbryd sydd yna," meddai'r ffermwr. "Sugnwr Llwch Carped sydd yna." "Nage, ysbryd sydd yna, wedi dod allan ar noson Calan Gaeaf," meddai'r gwas bach, a rhedodd adref am ei fywyd.

Ond y Sugnwr Llwch oedd yna, wrth gwrs. Dyna lle'r oedd o, mewn tymer ddrwg iawn, a'i fag yn llawn o rwdins, a dail crin yr hydref, a mes a chnau a choncyrs, pridd a cherrig a danadl poethion a draenen, ac un droed i'r neidr gantroed. Cariodd y ffermwr Sugnwr Llwch o'r cae a'i roi i mewn yn y fan.

Roedd Sugnwr Llwch yn dal mewn tymer ddrwg yn y fan. Ond roedd y ffermwr a Marged Malen yn teimlo'n hapus iawn am ei bod hi'n noson Calan Gaeaf. Wrth fynd yn ôl i'r byngalo yn y fan, roedd Marged Malen a'r ffermwr yn gweld y goleuadau ar olwyn fawr y ffair, ac yn gweld tân ar ben y bryniau.

Ar ôl mynd adref, rhoddodd Marged Malen fag newydd i mewn yn Sugnwr Llwch yn lle'r bag llawn. A'r bore wedyn, aeth Marged Malen i siopa ar ôl brecwast, a daeth adref yn syth fel arfer. Roedd Sugnwr Llwch yn y gegin, ac fe sugnodd y llwch oddi ar y carpedi wrth i Marged Malen ei wthio o ystafell i ystafell yn y byngalo.

Wedi i Marged Malen ei roi'n ôl yn y gegin, roedd Sugnwr Llwch yn ddistaw a llonydd. Roedd popeth fel arfer eto. Roedd pob parti Calan Gaeaf drosodd. Roedd yr afalau taffi i gyd wedi eu bwyta. Roedd y stondinau wedi eu tynnu i lawr. Roedd olwyn fawr y ffair wedi peidio â throi a'r tân wedi diffodd ar ben y bryniau. Roedd popeth fel arfer eto. Ond, wrth gwrs, fe ddaw diwrnod Calan Gaeaf y flwyddyn nesaf eto.

Y Pump Trempyn

Unwaith roedd yna bump trempyn. Eu henwau oedd Huwcyn, Jemco, Bob, Ben a Bil.

Roedd Huwcyn yn hoffi bod ar ei ben ei hun o hyd. Roedd o'n hoffi crwydro ar hyd y ffyrdd ar ei ben ei hun. Roedd o'n hoffi eistedd ar ochr y ffordd i fwyta'i fwyd ar ei ben ei hun.

Roedd Jemco hefyd yn hoffi bod ar ei ben ei hun. Ar ei ben ei hun roedd Jemco hefyd yn hoffi crwydro ar hyd y ffyrdd. Ar ei ben ei hun roedd o'n hoffi eistedd ar ochr y ffordd i fwyta'i fwyd.

Ond roedd Bob, Ben a Bil yn hoffi cwmni. Roedd y tri yn hoffi cael cwmni ei gilydd wrth grwydro ar hyd y ffyrdd. Doedd Bob, Ben a Bil ddim yn eistedd ar ochr y ffordd i gael bwyd. Roedd y tri yn mynd gyda'i gilydd i gaffi ar ochr y ffordd fawr. Roedden nhw'n hoffi siarad â'r gyrwyr lorïau yn y caffi.

Yn y nos, roedd Huwcyn yn cael mynd i sgubor ar fferm i gysgu. Roedd Huwcyn yn hoffi bod yn y sgubor ar ei ben ei hun. Roedd o'n hoffi gwrando ar ambell ddafad yn brefu. Roedd o'n hoffi gwrando ar ambell gi yn cyfarth. Roedd o'n hoffi gwrando ar sgrech y dylluan uwch ei ben.

Roedd Jemco yn cael mynd i gaban pysgotwr ar lan y môr i gysgu yn y nos. Roedd Jemco yn hoffi bod yn y caban ar ei ben ei hun. Roedd o'n hoffi gwrando ar y môr yn taro ar y graig. Roedd o'n hoffi gwrando ar y cerrig yn cael eu treiglo gan y tonnau. Roedd o'n hoffi gwrando ar sgrech ambell wylan uwch ei ben.

Ond roedd Bob, Ben a Bil yn mynd i hostel yn y dref. Yno y bydden nhw'n cysgu'r nos. Yn yr hostel roedd llawer trempyn arall. Roedd cawl poeth i bawb i swper yn yr hostel, ac roedd gwely glân i bawb. Roedd Bob, Ben a Bil yn hoffi cael cwmni'r bobl eraill yn yr hostel. Roedden nhw'n hoffi gwrando ar sŵn y lorïau trwm yn pasio un ochr i'r hostel. Roedden nhw'n hoffi gwrando ar sŵn y trenau yn pasio yr ochr arall.

Un diwrnod, pan oedd y Nadolig yn agos, roedd Huwcyn yn eistedd ar ochr y ffordd. Roedd o'n bwyta'i ginio. Roedd coeden gelyn yr ochr arall i'r ffordd. Wrth

edrych ar y celyn, roedd Huwcyn yn dechrau meddwl
am y Nadolig. Roedd o'n meddwl am yr amser ers
talwm, pan oedd ganddo gwmni ar adeg Nadolig. Ar ôl
gorffen ei ginio, aeth Huwcyn ymlaen ar hyd y ffordd.

Amser te y pnawn hwnnw, roedd Jemco yn eistedd ar
ochr y ffordd yn ymyl y goeden gelyn yn cael ei fwyd.
Wrth edrych ar y celyn, roedd Jemco hefyd yn dechrau
meddwl am y Nadolig. Roedd o'n meddwl am yr amser,
ers talwm, pan oedd ganddo gwmni ar adeg Nadolig. Ar
ôl gorffen bwyta, aeth Jemco ymlaen ar hyd y ffordd.

Y diwrnod wedyn roedd hi'n ddiwrnod cyn y
Nadolig. Yn y pnawn, aeth Jemco yn ôl at y goeden
gelyn i gael ei fwyd. Pwy oedd yno o'i flaen ond
Huwcyn. Dyma'r ddau yn eistedd gyda'i gilydd i fwyta
eu bwyd ac yn dechrau siarad. Roedd y ddau yn siarad
am y Nadolig.

Ar ôl gorffen bwyta, aeth y ddau ymlaen ar hyd y
ffordd gyda'i gilydd. Ar y groesffordd, pwy welson nhw

ond Bob, Ben a Bil. Bu'r pump yn sefyll ar y groesffordd. Fe fuon nhw'n siarad am amser hir am y Nadolig, am amser Nadolig ers talwm.

Roedd hi'n dechrau mynd yn dywyll erbyn hyn. Dyma Bob, Ben a Bil yn gofyn i Huwcyn a Jemco ddod gyda nhw i'r hostel yn y dref i gysgu y noson honno. Ar ôl meddwl am amser, dyma Huwcyn yn dweud, "O'r gorau, fe ddo i i'r hostel i gysgu heno." A dyma Jemco yn dweud, "Fe ddo innau hefyd."

Felly aeth y pump i'r hostel yn y dref. Roedd pobl yr hostel yn garedig. Roedd cawl poeth i swper i bawb. Roedd cawl poeth i Huwcyn a Jemco hefyd. Roedd gwely glân i bawb. Roedd gwely glân i Huwcyn a Jemco hefyd.

A'r diwrnod wedyn, am ei bod hi'n ddydd Nadolig,

23

cawson nhw i gyd aros yn yr hostel drwy'r dydd. Roedd cinio Nadolig blasus i bawb, a the da, a chig a thatws ar ôl y cawl i swper. Ac fe gafodd Huwcyn a Jemco aros yn yr hostel i gysgu y noson honno hefyd.

Y bore wedyn, pan oedden nhw'n barod i gychwyn allan, dyma bobl yr hostel yn dweud wrth Huwcyn, "Dewch yma i gysgu heno eto." "Diolch yn fawr," meddai Huwcyn. Dyma bobl yr hostel yn dweud wrth Jemco hefyd, "Dewch yma i gysgu heno eto." "Diolch yn fawr," meddai Jemco. "Fe fyddwn ni'n falch o'ch gweld chi yma heno," meddai Bob, Ben a Bil. "Diolch yn fawr," meddai Huwcyn a Jemco. A dyma nhw i gyd yn cychwyn allan. Aeth Huwcyn un ffordd, aeth Jemco y ffordd arall ac aeth Bob, Ben a Bil gyda'i gilydd i lawr y stryd.

Daeth y nos, ac roedd Huwcyn ar ei ben ei hun yn y sgubor ar y fferm. Roedd o'n gwrando ar ambell ddafad yn brefu ac ambell gi yn cyfarth. Roedd o'n gwrando ar sgrech y dylluan uwch ei ben.

Roedd Jemco ar ei ben ei hun hefyd. Roedd o yn y caban pysgotwr. Roedd o'n gwrando ar y môr yn taro ar y graig, a'r cerrig yn cael eu treiglo gan y tonnau, a gwrando ar sgrech yr wylan uwch ei ben.

Daeth Bob, Ben a Bil yn ôl i'r hostel. Roedd y tri yn disgwyl am Huwcyn a Jemco. Fe fuon nhw'n disgwyl a disgwyl. Ond er iddyn nhw ddisgwyl, ddaeth Huwcyn a Jemco ddim yn ôl.

Sgwrs Jo

Un bore yn y gaeaf roedd Ianto, Guto a Jo yn oer iawn wrth ddechrau ar eu gwaith. Gwaith Ianto, Guto a Jo oedd mynd o gwmpas i gasglu hen ddillad, carpiau a phapur. Roedd ganddyn nhw lorri i gario'r pethau. Roedden nhw'n eu gwerthu wedyn i ffatri.

Y bore yma roedd Ianto, Guto a Jo yn casglu pethau yn y dref. Roedd eu dwylo mor oer nes eu bod nhw bron â gollwng yr hen ddillad, y carpiau a'r papur wrth eu cario i'r lorri.

"Bobol fach, mae hi'n ddigon oer i rewi brain," meddai Ianto.

"Rwyt ti'n iawn," meddai Guto. "Mae hi'n ddigon oer i rewi brain heddiw."

"Ydi wir," meddai Jo, "mae hi'n ddigon brain i rewi oer."

Un fel yna ydi Jo. Mae o'n dweud pethau o chwith o hyd wrth siarad.

Aethon nhw i siop Wmffra'r Barbwr ym mhen draw Stryd y Bont. Roedd y siop yn wag a'r drws wedi ei gloi. Ond roedd llythyr ar y drws. Aeth Ianto at y drws.

"Llythyr i ni ydi hwn," meddai, ac aeth Guto a Jo at Ianto i ddarllen y llythyr.

Annwyl Ianto, Guto a Jo,

Mae pentyrrau o hen ddillad, carpiau a phapurau yn y sied yn y cefn.

Rydw i'n mynd i ffwrdd i fyw.

Cofion lawer,

Wmffra'r Barbwr.

Wrth gario'r stwff i'r lorri, dyma Jo'n gofyn,

"Pam mae Wmffra'r Barbwr wedi cau ei siop a mynd i ffwrdd i fyw, tybed?"

"O, mae'r hwch wedi mynd drwy'r siop," meddai Ianto.

"Beth wyt ti'n feddwl?" meddai Jo. "Pa hwch? Doedd gan Wmffra ddim hwch. Does yna ddim hwch yn y dref."

"Roedd Wmffra wedi mynd heb arian am nad oedd o ddim yn gweithio'n ddigon caled," meddai Guto, gan wenu ar Jo.

"Dyna beth oedd Ianto'n ei feddwl wrth ddweud bod yr hwch wedi mynd drwy'r siop."

"O, wyddwn i ddim," meddai Jo.

Aeth y tri i'r lorri ac at y rhes dai yr ochr arall i'r bont. Roedd gwraig y tŷ cyntaf yn y rhes ar ben drws. Roedd hi'n eu disgwyl gyda phecyn o hen ddillad.

"Brysiwch," meddai hi wrthyn nhw pan ddaeth y lorri at y tŷ. "Mae arna i eisiau mynd i siopa. Fuoch chi'n hir iawn o flaen lle Wmffra'r Barbwr heddiw. Siarad efo Wmffra oeddech chi, mae'n siŵr. Mae'n well gan Wmffra siarad na gweithio."

"Na, fuon ni ddim yn siarad efo Wmffra," meddai Ianto. "Dydi Wmffra ddim yna."

"Mae Wmffra wedi cau'r siop ac wedi mynd i ffwrdd i fyw," meddai Guto.

"Mae'r siop wedi mynd drwy'r hwch," meddai Jo, a mynd â'r pecyn o hen ddillad i'r lorri.

Roedd y wraig yn edrych arno'n hurt.

Ymlaen â Ianto, Guto a Jo. Ymlaen gan alw yn y fan hyn a'r fan arall i gasglu hen ddillad, carpiau a phapur.

Cawson nhw baned o de a bynsen bob un gan Beti Dafis yn y siop fara. Roedd Beti Dafis wedi synnu clywed bod Wmffra'r Barbwr wedi mynd i ffwrdd i fyw. Roedd hi wedi synnu clywed bod yr hwch wedi mynd drwy'r siop.

"Mae'n rhaid gweithio'n galed iawn os ydych chi'n gweithio ar eich pen eich hun," meddai Beti Dafis.

"Mae'n rhaid eich bod chi'n gweithio'n galed, Beti Dafis," meddai Ianto, "achos mae gennych chi siop dda."

"Oes," meddai Guto, "er eich bod chi'n gweithio yma ar eich pen eich hun."

"Ie wir, er eich bod chi yma ar eich hun eich pen," meddai Jo.

Dyma'r lleill yn chwerthin.

Roedd pawb yn gynnes braf erbyn hyn ar ôl cael paned o de.

Wedi mynd o'r siop fara aeth Ianto, Guto a Jo at y banc. Bydden nhw'n cael pentwr o hen bapur gan y banc bob hyn a hyn. Jo aeth i mewn i nôl y papur.

Daeth allan o'r banc, ac i lawr y grisiau o flaen y drws. Yn sydyn, rhuthrodd bachgen ifanc i lawr y grisiau. Wrth fynd mor gyflym, gwthiodd yn erbyn Jo gan daro'r papur i gyd o'i freichiau. Bu bron iddo daflu Jo hefyd.

"Roedd rhyw frys mawr ar y bachgen ifanc yna yn mynd â'i wynt yn ei ddwrn fel yna," meddai Ianto.

Daeth pobl oedd yn pasio'r banc i helpu'r tri i godi'r hen bapur oddi ar y grisiau.

"Beth ddigwyddodd? Syrthio wnaethoch chi?" meddai un o'r bobl wrth Jo.

"Nage. Bachgen ifanc ruthrodd yn wyllt heibio i mi â'i ddwrn yn ei wynt," meddai Jo.

Aeth pawb ymlaen i godi'r papur gan wenu. Pan ddaeth hi'n un o'r gloch, roedd Ianto, Guto a Jo yn barod am eu cinio.

"Diolch byth ei bod hi'n gloch o'r un," meddai Jo. "Mae arna i eisiau bwyd."

Bu'r tri'n eistedd yn y lorri yn mwynhau brechdanau cig a the o fflasg.

Roedd hawl i barcio ar yr ochr lle'r oedden nhw wedi parcio eu lorri. Doedd dim hawl i barcio yr ochr arall i'r stryd. Ond wrth gael eu cinio, sylwodd y tri fod car wedi ei barcio gyferbyn â nhw. Ond yn fuan iawn roedd rhywun arall hefyd wedi sylwi ar y car. Dyna lle'r oedd y warden traffic yn pydru mynd at y car!

Ar hynny, daeth gyrrwr y car allan o siop gan gario parsel trwm. Bu'r warden traffig yn siarad yn hir â gyrrwr y car. Roedd y warden traffig yn gweiddi wrth siarad ond doedd gyrrwr y car ddim yn siarad llawer. Roedd o'n nodio ei ben yn gwrtais. O'r diwedd, aeth y warden traffig i ffwrdd a daeth y dyn â'i gar ar draws y stryd a pharcio o flaen y lorri. Daeth y gyrrwr allan o'i gar a daeth i siarad â Ianto, Guto a Jo am y warden traffig.

"Roedd hwnna'n gas iawn," meddai Guto.

"Mae popeth yn iawn," meddai'r dyn, "arna i roedd y bai."

"Ond doedd dim rhaid i'r warden traffig weiddi fel yna," meddai Ianto.

"Roedd o'n gweiddi arnoch chi heb flewyn ar ei dafod," meddai Guto.

"Oedd wir, heb dafod ar ei flewyn," meddai Jo.

Gwenodd y dyn a bu'r pedwar yn sgwrsio am amser. Yna aeth y dyn yn ôl i'w gar gan ddweud, "Chefais i ddim dirwy gan y warden traffic, wrth lwc, felly fe alla i roi clec ar fy mawd am y tro yma, ac fe fydda i yn fwy gofalus y tro nesaf."

Ar ôl cinio, aeth Ianto, Guto a Jo i gasglu rhagor o hen ddillad, carpiau a phapur. Erbyn y pnawn, dim ond un lle oedd ganddyn nhw i alw ynddo. Y coleg oedd hwnnw. Roedden nhw'n casglu papur o'r coleg unwaith yr wythnos. Roedd y coleg ar gwr y dref. Roedd Ianto, Guto a Jo yn falch o gyrraedd yno, a meddwl am gael gorffen gweithio. Roedd hi'n oeri'n arw eto erbyn hyn.

Yn llyfrgell y coleg roedd yna fyfyriwr. Roedd o'n helpu i baratoi geiriadur newydd. Roedd o wedi bod yn gweithio'n galed drwy'r dydd. Roedd o wedi bod yn edrych ar eiriau. Roedd o wedi bod yn meddwl am eiriau. Roedd o wedi bod yn ysgrifennu geiriau. 'Nawr roedd o bron â mynd yn hurt.

"A dim ond ar eiriau yn dechrau gyda'r llythyren 'b' yr ydw i byth," meddai'r myfyriwr, gan edrych yn ddryslyd ar y geiriau:

bachiad
baglu
baldorddi
bethma
botwm gŵr ifanc
brolio
bwbach
bwi.

Ar hynny clywodd y myfyriwr lais Jo y tu allan i'r ffenest yn dweud, "Mae hi'n ddigon brain i rewi oer eto erbyn hyn."

Roedd y myfyriwr yn nabod Jo ac yn ei hoffi.

Felly dyma fo'n agor y ffenest i gael sgwrs efo fo.

"Helô, Jo," meddai'r myfyriwr. "Pa newydd sydd yn y dref heddiw?"

"Wel, mae llawer o bethau wedi digwydd," meddai Jo.

"Mae Wmffra'r Barbwr wedi mynd i ffwrdd i fyw am fod y siop wedi mynd drwy'r hwch."

"O, mae'n ddrwg gen i glywed am Wmffra," meddai'r myfyriwr.

"Ac roedd yna warden traffic yn gweiddi heb dafod ar ei flewyn ar yrrwr car pan oedden ni'n cael cinio," meddai Jo.

"Mae'n siŵr fod y gyrrwr yn poeni'n arw," meddai'r myfyriwr.

"Nac oedd," meddai Jo. "Chafodd o ddim dirwy y tro yma, felly fe roddodd fawd ar ei glec a mynd adref yn ei gar heb boeni."

Roedd y myfyriwr yn chwerthin yn braf erbyn hyn. Teimlai'n barod i fynd yn ôl at ei waith am awr arall.

"Rydw i'n mwynhau cael sgwrs efo chi, Jo," meddai'r myfyriwr.

"Fe hoffwn i gael sgwrs hir efo chi. Beth am ddod i gael te efo fi ddydd Sadwrn? Hoffech chi ddod?"

"Yn dda, os gwelwch," meddai Jo, a brysiodd i'r lorri at Ianto a Guto â gwên hapus ar ei wyneb.

Yr Orymdaith

Un diwrnod fe ddaeth pob anghenfil yn y wlad at ei gilydd i gerdded mewn gorymdaith.

Roedd ar yr angenfilod eisiau dweud rhywbeth wrth y bobl.

Dyna pam roedden nhw am gerdded mewn gorymdaith.

Roedd pob anghenfil wedi dechrau meddwl mai pethau rhyfedd oedd pobl.

Roedd y ddau anghenfil yn ogof yr ystlumod wedi dechrau meddwl hynny.

Roedd y saith anghenfil yn y pwll diwaelod yn meddwl yr un fath.

Roedd yr angenfilod yng ngwaelod y môr hefyd yn meddwl mai pethau rhyfedd oedd pobl, ac wrth iddyn nhw agor a chau eu cegau i ddweud hynny wrth ei gilydd, fe fyddai'r môr yn berwi a'r tonnau'n codi'n uchel.

Roedd angenfilod y creigiau duon, sydd yn angenfilod call iawn, yn meddwl ers talwm mai pethau rhyfedd oedd pobl, ac roedd pob anghenfil ym mhob llyn yn meddwl fod pobl yn bethau rhyfedd iawn.

Roedd y ddau anghenfil yn ogof yr ystlumod yn dweud:

"Bob tro y byddwn ni'n mynd allan o'r ogof ac yn mynd am dro ar hyd y ffordd, fe fydd y bobl yn rhedeg i ffwrdd yn lle dod aton ni am sgwrs."

Roedd y saith anghenfil yn y pwll diwaelod yn dweud yr un fath.

Roedd yr angenfilod yng ngwaelod y môr hefyd yn dweud yr un fath, a'r môr yn berwi a'r tonnau'n codi'n uchel wrth iddyn nhw siarad am y peth.

Roedd angenfilod y creigiau duon, sydd yn angenfilod call iawn, wedi dod i lawr o'r creigiau unwaith hefyd, ac wedi synnu wrth weld y bobl yn rhedeg i ffwrdd yn lle dod atyn nhw i siarad.

Roedd un o angenfilod y llynnoedd yn codi ei ben o'r dŵr ambell waith, ac un diwrnod roedd dyn wedi sefyll ar lan y llyn i dynnu llun yr anghenfil.

Ond pan ddaeth yr anghenfil allan o'r llyn a mynd at y dyn, gan feddwl gofyn iddo fo am gael gweld y llun pan fyddai'n barod, roedd y dyn wedi gollwng ei gamera i'r dŵr ac wedi rhedeg oddi wrth y llyn am ei fywyd.

Roedd anghenfil y llyn yn methu'n lân â deall pam roedd y dyn wedi gwneud hynny.

Am fod yr angenfilod i gyd yn methu â deall pam roedd pobl yn rhedeg i ffwrdd oddi wrthyn nhw, dyma nhw'n penderfynu cael gorymdaith i ddangos fod ar angenfilod eisiau bod yn ffrindiau â phobl.

"Rhaid i ni i gyd gasglu at ein gilydd a cherdded yn orymdaith ar hyd y ffordd," meddai'r ddau anghenfil o ogof yr ystlumod.

"Rhaid i ni weiddi ar y bobl a dweud wrthyn nhw am ddod aton ni i siarad," meddai saith anghenfil o'r pwll diwaelod.

"Rhaid i ni ofyn iddyn nhw ddod i weld ein cartrefi," meddai'r angenfilod o waelod y môr.

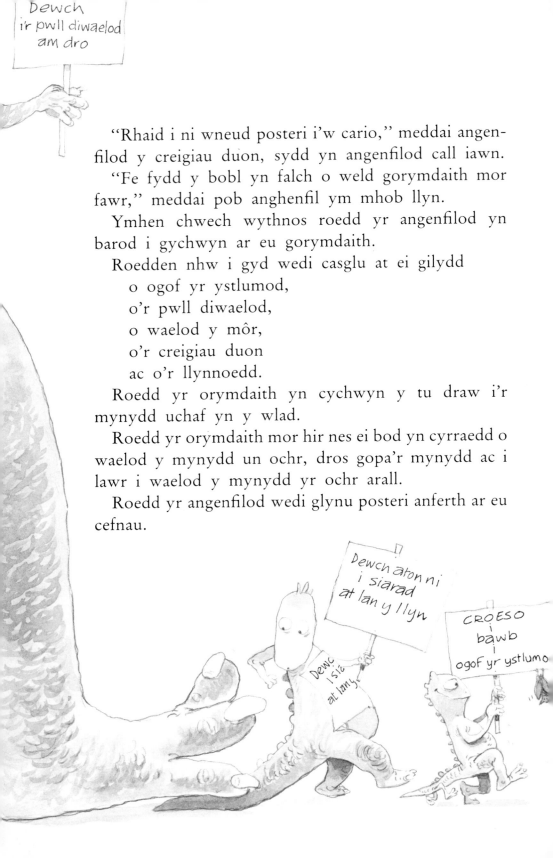

Dewch i'r pwll diwaelod am dro

"Rhaid i ni wneud posteri i'w cario," meddai angen-filod y creigiau duon, sydd yn angenfilod call iawn.

"Fe fydd y bobl yn falch o weld gorymdaith mor fawr," meddai pob anghenfil ym mhob llyn.

Ymhen chwech wythnos roedd yr angenfilod yn barod i gychwyn ar eu gorymdaith.

Roedden nhw i gyd wedi casglu at ei gilydd
 o ogof yr ystlumod,
 o'r pwll diwaelod,
 o waelod y môr,
 o'r creigiau duon
 ac o'r llynnoedd.

Roedd yr orymdaith yn cychwyn y tu draw i'r mynydd uchaf yn y wlad.

Roedd yr orymdaith mor hir nes ei bod yn cyrraedd o waelod y mynydd un ochr, dros gopa'r mynydd ac i lawr i waelod y mynydd yr ochr arall.

Roedd yr angenfilod wedi glynu posteri anferth ar eu cefnau.

Dewch aton ni i siarad at lan y llyn

Dewch i siarad at lan y

CROESO i bawb i ogof yr ystlumod

Wrth ddechrau cerdded ar hyd y ffordd roedd yr angenfilod yn taflu waliau i lawr, yn sathru'r cloddiau ac yn codi coed o'u gwraidd wrth wthio heibio iddyn nhw.

Fe ddaeth yr orymdaith at bentref a dechrau gwthio trwy'r stryd.

Roedd ochrau'r angenfilod yn rhwbio yn erbyn y siopau ac yn cracio'r ffenestri.

Roedden nhw'n sathru ceir oedd wedi eu parcio ar ochr y stryd. Roedd y banc a swyddfa'r post yn crynu wrth i'r angenfilod weiddi a thrio dweud wrth y bobl fod ar angenfilod eisiau bod yn ffrindiau â nhw.

Ond doedd yna ddim pobl i wrando ar yr angenfilod.

Roedd pawb wedi gweld yr orymdaith yn dod at y pentref ac wedi rhedeg i ffwrdd am eu bywyd.

Roedd yr angenfilod yn methu â deall pam roedd y bobl wedi rhedeg i ffwrdd fel hyn.

"Fe fydd y bobl yn y dref fawr yn siŵr o wrando arnon ni," meddai'r angenfilod.

Ac ymlaen â'r orymdaith ar hyd y ffordd fawr at y dref.

Roedd yr orymdaith yn llenwi'r ffordd fawr, o un ochr i'r llall, a'r traffig yn methu â phasio.

Roedd y traffig yn troi'n ôl ac roedd ceir a faniau polîs yn rasio yno.

Ond pan welson nhw'r orymdaith, dyma'r plismyn i gyd ym mhob car ac ym mhob fan yn troi'n ôl hefyd ac yn rasio i ffwrdd am eu bywyd.

Ar ôl mynd i mewn i'r dref roedd yr orymdaith yn llenwi'r sgwâr mawr ac yn llenwi'r strydoedd i gyd, y parc a gorsaf y rheilffordd.

Roedd yr arch-farchnad yn crynu wrth fod cymaint o angenfilod yn symud o'i chwmpas.

Roedd pont y dref wedi mynd yn fwa ar i lawr yn lle bod yn fwa ar i fyny fel arfer, ar ôl i'r angenfilod ei chroesi.

Roedd yr angenfilod yn cerdded rhwng y bysiau yng ngorsaf y bysiau.

Roedd hi'n anodd dweud pa rai oedd yn fysiau a pha rai oedd yn draed.

Ac yn y cae pêl-droed, roedd y standiau ar ddwy ochr wedi eu gwasgu at ei gilydd, a'r darn glaswellt wedi ei wasgu yn y canol rhwng y standiau, a'r cwbl wedi disgyn yn fflat ar lawr nes bod y cael pêl-droed yn edrych fel brechdan laswellt anferth.

Ond roedd yr angenfilod yn hapus ac yn codi eu cefnau i ddangos y posteri am eu bod yn meddwl y byddai pobl y dref yn siŵr o ddod atyn nhw i ddarllen y posteri.

Ond ddaeth dim un o bobl y dref yn agos at y posteri.

Doedd 'na neb ar ôl yn y dref.

Roedd y bobl i gyd wedi rhedeg i ffwrdd neu wedi dianc o'r dref mewn ceir wrth weld yr orymdaith yn dod.

Ac fe fu'n rhaid i'r angenfilod fynd yn ôl i'w cartrefi heb i neb wrando arnyn nhw a heb i neb ddarllen eu posteri.

Aeth y ddau anghenfil o ogof yr ystlumod yn ôl gan

ddweud wrth ei gilydd mai pethau rhyfedd oedd pobl.

Aeth y saith anghenfil o'r pwll diwaelod yn ôl i'w cartrefi wedi synnu'n fawr fod pobl yn bethau mor rhyfedd.

Roedd yr angenfilod o waelod y môr wedi rhyfeddu gormod i ddweud dim wrth ei gilydd ac, am unwaith, roedd y môr yn dawel a'r tonnau'n esmwyth.

Roedd angenfilod y creigiau duon, sydd yn angenfilod call iawn, yn dechrau meddwl fod gan bobl ychydig bach, bach o ofn angenfilod, ac mai dyna pam roedden nhw'n rhedeg i ffwrdd.

A phan glywodd angenfilod y llynnoedd hynny, roedden nhw wedi synnu'n fawr iawn.

"Dyna'r peth rhyfeddaf eto," meddai pob anghenfil ym mhob llyn.

Sami Seimon

Roedd Sami Seimon yn byw mewn bwthyn un lled cae o'r ffordd fawr. Byw ar ei ben ei hun yr oedd Sami Seimon. Ond roedd yn hapus a bodlon iawn. Fe fyddai'n dweud wrtho'i hun wrth gyrraedd adref ar ôl gorffen gweithio, "Mae'n braf byw ar fy mhen fy hun mewn bwthyn un lled cae o'r ffordd fawr." Gwaith Sami Seimon oedd rhoi tar ar lwybrau. Roedd ganddo dryc i'w wthio o'i flaen a phob peth at ei waith ar y tryc.

Er ei fod yn gwneud yr un gwaith o wythnos i wythnos, doedd Sami Seimon byth yn cwyno. Roedd yn hapus a bodlon wrth ei waith.

Roedd yn cael digon o waith hefyd.

Sami Seimon oedd wedi rhoi tar ar bob un o'r

llwybrau oedd yn arwain at y chwech o dai newydd ar gwr y pentref.

Sami Seimon oedd wedi rhoi tar ar y llwybr igam-ogam o'r llidiart yn y wal uchel at ddrws cefn y plas.

Sami Seimon oedd wedi rhoi tar ar y llwybr serth at y felin wlân.

Roedd Sami Seimon yn cael digon o waith.

Un haf roedd Sami Seimon yn fwy dedwydd nag arfer hyd yn oed. Roedd yn gwenu wrth wthio'i dryc. Roedd o'n gwenu wrth roi tar ar y llwybrau. Roedd o'n gwenu wrth groesi'r cae a chyrraedd adref o'i waith bob dydd.

Roedd Sami Seimon yn cael mynd am drip i lan y môr. Anaml y byddai'n cael mynd i ffwrdd, a dyna pam yr oedd mor hapus.

Roedd o'n casglu arian hefyd at ddiwrnod y trip. Tair wythnos cyn y trip, roedd o wedi casglu digon o arian. Roedd o wedi eu rhoi mewn bocs a rhoi'r bocs yn nrôr y dresel.

Ond y diwrnod wedyn, wrth weithio, meddyliodd Sami Seimon nad oedd drôr y dresel ddim yn lle diogel iawn i gadw'r arian. Bu'n pendroni'n hir. O'r diwedd meddyliodd am le arall. Ar ôl mynd adref, tynnodd y bocs o ddrôr y dresel. Yna fe'i rhoddodd mewn basged oedd yn hongian ar fachyn o dan nenfwd y gegin.

Ond y diwrnod wedyn, wrth weithio, meddyliodd Sami Seimon nad oedd y fasged o dan y nenfwd ddim yn lle diogel iawn chwaith i gadw ei arian. Bu'n pendroni'n hir. O'r diwedd meddyliodd am le arall. Ar ôl mynd adref, tynnodd y bocs o'r fasged. Yna fe'i rhoddodd mewn hen badell bridd yn y twll-dan-grisiau.

Ond y diwrnod wedyn, wrth weithio, meddyliodd Sami Seimon nad oedd y badell bridd yn y twll-dan-grisiau ddim yn lle diogel iawn chwaith i gadw ei arian.

fwynhau eu hunain drwy'r dydd, doedd neb yn cofio dim am y plu, ac roedd pawb yn ffrindiau gyda Sami Seimon ac yn cael hwyl yn ei gwmni.

Ond wrth fynd adref yn y bws, roedd Sami Seimon a phawb arall wedi crygu wedyn. Ond nid o achos y plu y tro yma, ond am eu bod i gyd yn sgwrsio cymaint ac yn chwerthin cymaint wrth sôn am eu diwrnod hwyliog.

Roedd Sami Seimon wedi prynu llawer o bethau yn y siopau wrth ymyl y traeth. Felly, pan stopiodd y bws led cae o'i fwthyn, roedd ganddo ormod o lwyth i'w gario gan fod ganddo'r cwpwrdd cornel a'r sachaid o glustogau i'w cario hefyd. Ond roedd pawb yn fodlon iawn disgwyl tra bu'r gyrrwr yn helpu Sami Seimon i gario popeth ar draws y cae i'r bwthyn.

Yn ystod y dyddiau wedyn, gwthiodd Sami Seimon fwy o blu i'r clustogau a gwnïo'r ochrau'n ddiogel. Ond chafodd o byth hyd i allwedd y cwpwrdd cornel.